VENTE

DU

MOBILIER ARTISTIQUE

garnissant l'appartement

DE

M. LE GÉNÉRAL TURR

19, Boulevard Victor-Hugo

NICE

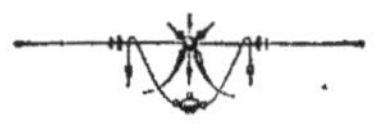

CATALOGUE

DU

MOBILIER ARTISTIQUE

de différents styles

Belles sculptures en marbre blanc par d'Epinay
et Rougelet
Bronzes d'art et d'ameublement
Porcelaines anciennes, faïences, curiosités
Beaux sièges, riches tentures, broderies anciennes
Piano 1/2 queue de Pleyel
Cabinets italiens, glaces, bronzes japonais
Grands tapis de Smyrne
Chambre à coucher de style byzantin
Meubles divers et de fantaisie
Copie d'après Raphaël, aquarelles
Bibliothèque environ 600 volumes

le tout garnissant l'appartement de

M. LE GÉNÉRAL TURR

19, Boulevard Victor-Hugo, à Nice

où la vente aura lieu pour cause de départ

Les Jeudi 2, Vendredi 3 et Samedi 4 Mars 1899

à 2 heures

par le ministère de Mᵉ GINÉSY, notaire, 8, rue de la Préfecture à Nice, assisté de M. B. LASQUIN, expert, 12, rue Laffite à Paris.

EXPOSITION :

PARTICULIÈRE	PUBLIQUE
Le Mardi 28 Février	**Le Mercredi 1ᵉʳ Mars**

De une heure à 5 heures

CONDITIONS DE LA VENTE

Elle sera faite expressément au comptant. Les acquéreurs paieront cinq pour cent en sus des enchères.

L'exposition mettant le public à même de se rendre compte de l'état des objets, il ne sera admis aucune réclamation l'adjudication prononcée.

N.-B. — M. B. Lasquin, expert, se chargera des commissions des personnes qui ne pourraient assister à la vente.

DÉSIGNATION

Vestibule

1 Portière double en tapis de Smyrne, fond rouge. — Haut., 3 m. 60 ; larg., 1 m. 50 cent.
2 Portière en tapis de Smyrne. — Haut.. 2 m. 50 ; larg. 1 m. 50 cent.
3 Tapis d'escalier en moquette rouge, environ 20 mètres de longueur, sur 1 m. 40 de largeur, passage en toile, 10 tringles en cuivre.
4 . Jardinière à panneaux en faïence représentant des paysages, intérieur en zinc. — Long., 2 mètres ; larg., 0 m. 40 cent.
5 Cinq jardinières à panneaux en faïence artistique, fond bleu et décor de style oriental.
6 Porte-manteau en chêne, démonté en trois parties, avec glace au centre de 1 m. 85 cent. sur 0 m. 85, surmontée d'un fronton.
7 Coffre à bois en noyer.
8 Quatre chaises en noyer rehaussé de dorure, foncées de canne.
9 Deux fauteuils X de style Renaissance en bois sculpté, avec coussins en plume.
10 Table en chêne à entrejambes, dessus en brocatelle ancienne.
11 Douze vitraux de fenêtres à ornements artistiques, genre Renaissance, 6 de 1 m. 60 sur 45 cent. ; 6 de 1 m. 60 sur 40 cent.
12 Deux torchères figures de Négrillons en bois peint et dorure.
13 Deux grandes coupes en porcelaine de Canton à sujets de figures.
14 Table-support carrée en chêne, avec deux tablettes en faïence décorées de fleurs.
15 Grand vase carré en faïence rouge à fleurs en relief.
16 Coupe carrée en cristal sur pied formé d'une cigogne et d'une tortue en bronze doré.
17 à 20 Huit vasques jardinières en porcelaine du Japon. (seront vendues par paire).

Salle à Manger

21 Grande table genre Henri II, en bois noir ciré, à entre
      jambe et balustre.
22 Six chaises et deux fauteuils en bois noir garnis de
      maroquin.
23 Fauteuil anglais garni de maroquin.
24 Divan en étoffe de fantaisie capitonné.
25 Armoire à argenterie en bois noirci, à trois vantaux
      vitrés.
26 Trois tentures de fenêtres en velours rouge avec ban-
      deaux en velours de Scutari, plus trois stores plissés
      en soie.
27 Trois tentures de portes, semblables.
28 Tapis de table, semblable.
29 Quatre panneaux en velours de Scutari, encadrés de
      velours semblable.
30 Tapis de Smyrne, fond rouge à dessin en bleu et vert,
      long., 6 mètres ; larg., 4 m. 40 cent., plus l'enca-
      drement en moquette rouge.
31 Support de jardinière en bois noir.
32 Deux candélabres à cinq lumières en bronze argenté.
33 Quatre appliques à quatre lumières en bronze nickelé.
34 Deux chenets avec galerie en bronze, pelle et pin-
      cettes.
35 Deux grands vases en porcelaine de Canton.
36 Cinq plats en ancienne porcelaine du Japon de décors
      variés en bleu, rouge et or.
37 Douze assiettes en vieux Japon.
38 Grand plat et deux plateaux en faïence italienne.
39 Deux plats en faïence de Delft, décor bleu.

Petit Salon

40 Belle bibliothèque de style renaissance, en poirier
      sculpté et noirci, à deux corps, trois vantaux et
      surmontée d'un fronton ; le bas à motifs sculptés,
      le haut à colonnettes cannelées et portes garnies de
      glaces biseautées.
41 Table liseuse en bois noir gravé.
42 Cabinet italien en ébène incrusté d'ivoire et orné de
      figurines argentées, avec sa table support en bois
      noir.

43 Guéridon en bois noir sur pied à quatre volutes sculptées.

44 Canapé et deux fauteuils en damas de soie rouge tendre, avec rampe capitonnée en peluche mousse.

45 Canapé en satin noir à fleurs, encadré de peluche rouge.

46-47 Deux chaises chauffeuses de fantaisie en velours, peluche et soierie.

48 Fauteuil genre Henri II, entièrement recouvert de velours frappé vert.

49 Deux chaises en bois doré.

50 Pouff carré à pieds fuselés et cannelés, en bois noir, garni de peluche.

51 Petit bureau de dame et sa chaise, style de fantaisie genre byzantin, en bois incrusté en certorine et appliqué de cuivre à ornements repoussés.

52 Paravent à trois feuilles en satin brodé de Chine, orné de paillettes de glace.

53 Glace de cheminée avec cadre garni de peluche. Hauteur 1ᵐ 90, largeur 1ᵐ 50.

54 Garniture de foyer : chenets, pelle, pincettes, pare étincelles.

55 Glace, cadre en peluche olive. Hauteur 2ᵐ 85, largeur 1ᵐ 50.

56 Tenture murale en damas de soie rouge et peluche mousse.

57 Petit lustre à 18 lumières, style grec, en bronze patiné.

58 Deux tentures de fenêtres en damas de soie rouge et peluche mousse, jeux de cablés, embrasses, rinceaux et stores.

59 Trois tentures de portes de même étoffe.

60 Tapis de Smyrne à dessin en couleurs sur fond rouge. Longueur 5ᵐ 20, largeur 4ᵐ 60.

61 Guéridon octogone en peluche et soie.

62 Petite table turque incrustée de nacre.

63 Deux candélabres à neuf lumières, montés sur des vases en bronze du Japon à dragons en relief.

64 Brûle parfum en bronze japonais à trois pieds, couvercle ajouré surmonté d'une chimère.

65 Petit brûle parfum en bronze japonais, forme d'un éléphant supportant un personnage.

66 Deux statuettes d'enfants en bronze : joueur de triangle et joueur de cimbales.

67 Statuette du roi Victor-Emmanuel en costume de chasseur, bronze d'après *Rivalta*.

68 Statuette de Silène, bronze d'après l'antique.
69 Groupe en bronze d'après l'antique, Héros combattant
    un cerf.
70 Médaillon ovale en bronze, portrait du général Bona-
    parte à Milan en 1796. Cadre en peluche.
71 Deux fûts de colonnes à torsades, en faïence artistique.
72 Fût de colonne cannelée en serpentine.
73 Deux vases ovoïdes en porcelaine genre Saxe, décorés
    de fleurs.
74 Vase en émail cloisonné du Japon sur pied en bronze.
75 Levrette en bronze de Mène.
76 Figurine de mineur en bronze, sur bloc de cristal de
    roche.
77 Statuette d'écorché en bronze.
78 Petite réduction de la colonne Vendôme en bronze.
79 Petit brasero japonais et un gobelet d'après l'antique
    en bronze.
80 Boîte ronde Louis XVI en ivoire ornée d'un émail.
81 Boîte ovale en émail de Battersea fond bleu.
82 Miniature, portrait de l'Impératrice Joséphine.
83 Poignard oriental à poignée et fourreau incrustés de
    coraux et de turquoises.

Sculptures

84 *Reine des fleurs*. Statuette en marbre blanc grandeur
    demi-nature par *P. d'Epinay*.
85 *L'Enfance de Bacchus*. Groupe de trois figures en
    marbre blanc par *Rougelet*.

Aquarelles

86 Giallina. — Vue de Corfou.
87   id.   Vue de Constantinople.
88   id.   Vue d'Acropolis.
89   id.   Types grecs, deux pendants.

Grand Salon

90 Grand tapis de Smyrne à fond rouge et encadrement
    à dessin bleu et vert. Long. 8 m., larg. 5 m. 60.
91 Deux riches tentures de fenêtres en velours de soie
    rouge ornée d'applications de broderie en métal ;
    deux rideaux en guipure de soie et deux stores
    plissés en soie.

92 Belle portière double en ancienne broderie de soie,
    d'or et d'argent, à fleurs et ornements sur fond
    crème avec entourage de velours grenat garni de
    franges.
93 Portière en velours rouge avec cachemir indien à fond
    noir.
94 Portière en velours rouge avec broderie chinoise en
    soie de couleurs sur fond de satin noir.
95 Deux larges panneaux en velours grenat, enrichis
    d'applications de broderie en soie de couleurs et or,
    à fleurs et feuillages formant encadrements. Haut.,
    2 m. 75 ; larg., 1 m. 80 cent.
96 Deux panneaux d'entre-deux de même travail. Haut.,
    2 m. 40 ; larg., 0 m. 55 cent.
97 Panneau en broderie ancienne au point de Hongrie,
    en soie de couleurs, offrant des entrelacs et des
    vases de fleurs, avec bordure. Encadrement en
    velours de soie. Haut., 2 m. 70 ; larg., 2 m. 25 cent.
98 Panneau en hauteur en ancienne broderie, offrant
    deux médaillons de figures religieuses dans des
    encadrements à rinceaux. Haut., 2 m. 40 ; larg. :
    1 m. 20 cent.
99 Large bandeau en broderie de soie ancienne.
100 Canapé fantaisie garni d'étoffe orientale et de peluche
    rouge.
101 Deux causeuses fantaisie : l'une garnie de soie bro-
    chée à fleurs sur fond bleu clair ; l'autre avec rampe
    à torsades.
102 Deux fauteuils : l'un en velours soutaché de broderies
    à fleurs ; l'autre, en peluche grenat et satin bleu
    clair broché.
103 Siège dos-à-dos garni d'ancien brocart bleu clair à
    fleurs.
104 Deux pliants dorés garnis de peluche brodée.
105 Deux coussins en broderie ancienne.
106 Chaise basse à dossier renversé garnie de peluche
    avec torsades, satin bleu clair et applications de
    broderies.
107 Quatre chaises genre Henri II, en noyer sculpté et
    dorure, garnies de peluche rouge.
108 Glace de cheminée avec cadre en peluche rouge
    Haut., 2 m. 50 ; larg., 1 m. 70 cent.
109 Glace entre les fenêtres, cadre en peluche rouge,
    et applications. Haut., 3 m. 50 ; larg., 1 m. 85 cent.
110 Deux consoles genre Louis XV, en bois sculpté,
    laquées blanc et or, dessus de marbre blanc.

111 Deux consoles d'encoignures, de même style.
112 Deux petites consoles d'angles surmontant les précédentes.
113 Deux petits supports d'encoignures à figures d'amours.
114 Ecran de style Louis XV, avec feuilles en satin brodé à vase de fleurs.
115 Paravent à trois feuilles, garnies d'ancien brocart à fleurs sur fond bleu clair.
116 Deux tables à pieds bambou et dessus en broderie métallique orientale.
117 Table pliante carrée en bambou doré et dessus en satin appliqué de broderie de soie et d'or.
118 *Piano* demi queue, de *Pleyel*, en bois noir à filets de cuivre.
119 Dessus de piano en peluche rouge appliquée de broderies.
120 Coffre à bois fantaisie, garni de peluche.
121 Deux grands vases balustres, en porcelaine de Canton, décorés d'inscriptions en relief, supportant des candélabres en bronze doré, socles en bois noir.
122 Grand lustre de style Louis XVI, à 42 lumières, en bronze doré, formé de bouquets de rinceaux reliés à un vase au centre et à un fleuron à la partie supérieure.
123 Paire de grands chenets d'un riche modèle style Louis XVI, en bronze doré, à vases enguirlandés de fleurs.
124 Pare étincelles en cuivre.
125 Deux flambeaux de style grec, en bronze doré.
126 Deux vases couverts en porcelaine de la manufacture de Sèvres, fond bleu marbré, rehaussés d'ornements en dorure.
127 Cabaret tête à tête en porcelaine de Saxe, fond jaune décoré d'armoiries royales. Il est composé d'un plateau, une théière, un sucrier, un pot à crème et de deux tasses avec soucoupes.
128 Cabaret tête à tête en vieux Vienne à riche décor de sujets mythologiques en couleurs et ornements en dorure sur fond brun et mauve. Il est composé d'un plateau deux cafétières, un pot à crème, un sucrier, deux tasses avec soucoupes.
129 Miroir ovale dans un cadre en porcelaine de Saxe.
130 Statuette de femme drapée en biscuit.
131 Coupe ronde à couvercle, en faïence artistique de *Jean*.

132 Deux cruchons en faïence artistique hongroise, décor en dorure.
133 Deux groupes en porcelaine genre Saxe ; La jeune mère d'après Fragonard ; Nymphe et amour.
134 Deux vases en porcelaine craquelée du Japon, décorés de figures.
135 Vase cylindrique en porcelaine de Chine monté en bronze pour support de lampe.
136 Jardinière sur son fut de colonne en faïence artistique rehaussée de dorure.
137 Ecuelle en porcelaine de Vienne décorée de fleurs et d'imbrications.
138 Quatre pièces en porcelaine genre Saxe. Deux éléphants, un petit brûle parfum et une sonnette.
139 Petite coupe en onyx d'Algérie un pied en émail cloisonné.
140 Cippe chinois en ivoire sculpté.
141 Carnet japonais en ivoire laqué et incrusté.
142 Brule parfum turc en argent ajouré, monté sur quatre pieds attenants à un plateau.
143 Petit plateau en argent émaillé représentant au centre un sujet mythologique avec bordure à petites figures. Travail Viennois.
144 Petite aiguière en argent émaillé décoré d'un sujet tiré de l'histoire romaine. Travail Viennois.
145 Deux petits bas-reliefs en cire sur fond de glace représentant des jeux d'enfants.
146 Quatre pièces ; Trois zarfs dont un garni de coraux et une plaque bas-relief en métal à sujet religieux.

Salon d'attente

(A COTÉ DE LA SALLE A MANGER)

147 Quatre fauteuils genre Louis XIII garnis d'imitation de tapisserie au point.
148 Deux chaises légères en bois laqué garnies de broderie persane.
149 Table en bois noir avec tapis en ancienne brocatelle.
150 Cheminée à gaz.
151 Paravant à trois feuilles moucharabi.
152 Canapé divan-lit garni de toile végétale.
153 Quatre tentures de deux portes et de deux fenêtres en étoffe rouge avec bordure en imitation de tapisserie.

154 Une table à jouer.
155 Cabinet italien en bois noir incrusté d'ivoire, ouvrant
    à deux portes et reposant sur sa table support.
156 Deux supports chinois en bois de fer.
157 Tapis en moquette rouge. 5 m. sur 5 m.
158-159 Deux carpettes persanes. 3 m. 10 sur 1 m. 80 et
    2 m. 50 sur 1 m. 20.
160 Glace biseautée dans un cadre en bois noir. Haut
    1 m. 65, larg 1 m.
161 Petite table carrée en noyer.
162 Quatre appliques à trois lumières en bronze doré.
163 Grand vase à piédouche et deux anses serpents en
    faïence italienne, sur un fût de colonne en stuc.
164 Cinq grands plats en porcelaine moderne du Japon.
165 Trois assiettes en faïence ancienne.
166 Quinze statuettes en porcelaine genre Saxe, figures
    allégoriques.
167 Compotier coquille en vieux Saxe.
168 Trois tasses en porcelaine décorée genre Sèvres, de
    Capo di Monte et de Ginori.
169 Seize petites tasses en Saxe moderne de décors variés.
170 Deux cornets de pharmacie en ancienne faïence
    italienne, une aiguière et un petit vase en faïence.
171 Quatre plateaux divers en porcelaine et faïence
    artistique.
172 Service à thé en porcelaine à décors japonais en bleu,
    rouge et or, composé de une théière, deux pots à
    lait, un sucrier et neuf tasses.
173 Coffret en porcelaine de Capo di Monte.
174 Trois brocs en faïence artistique de Hongrie et
    d'Ulysse de Blois.
175 Sept figurines et deux petits bustes en porcelaine
    genre Saxe.
176 Une potiche et deux cornets en ancienne faïence de
    Delft, décor bleu.
177 Six pièces de cabaret. théière et tasses en porcelaine
    de Chine.
178 Statuette en albâtre : enfant pleurant un oiseau.
179 Petit cabinet en laque.
180 Grosse montre de voyage en argent repérée à jour
    avec ornements Louis XIV. Le mouvement à sonne-
    rie au nom de *Jacob Mayer, Wienn.* Support en
    bois sculpté.
181 Cinq pièces coupes et vases en porcelaine et faïence.
182 Quatre pièces : porte bouquet, porte allumettes,
    coupe, en cuivre argenté.

Chambre à coucher de Madame

183 Lit capitonné en satin noir et velours et sa literie.
184 Chaise longue et un fauteuil en peluche loutre et satin
     noir.
185 Meuble d'entre-deux en bois noir incrusté, dessus de
     marbre.
186 Prie-Dieu en bois noir sculpté,
187 Quatre chaises, dont deux en bois doré.
188 Tenture de lit, d'une fenêtre et deux portières.
189 Table en bois noir.
190 Support étagère en bois de fer.
191 Cabinet italien en bois noir et ivoire gravé.
192 Tapis en moquette rouge, 5 m. 40 sur 4 m. 25.
193 Carpette orientale de 1 m. 30 sur 1 m. 10.
194 Tenture murale comprenant quatre panneaux en bro-
     derie chinoise à fleurs et oiseaux, sur satin rouge.
195 Deux statuettes supports de candélabres sur socles en
     bronze.
196 Miroir dans un cadre en bois doré à feuillages.
197 Deux consoles d'angle, genre Louis XV, en bois peint
     en noir et or.
198 *Tableau.* — Belle copie, d'après Raphaël, représen-
     tant la Vierge à la chaise, dans un riche cadre en
     bois sculpté et doré.

Cabinet de Toilette

199 Grande armoire à trois portes à glaces bisautées, en
     poirier noir sculpté, ornée de colonnettes et sur-
     montée d'un fronton.
200 Secrétaire chiffonnier, en poirier noir.
201 Bureau en bois noir, dessus en glace.
202 Toilette à dessus de marbre.
203 Cheminée à gaz.
204 Un fauteuil, deux chaises chauffeuses.
205 Quatre tentures de fenêtres et de portes.
206 Tapis en moquette de 5 mètres sur 3 mètres.

Chambre à Coucher

(DE MONSIEUR)

207 Très curieux ameublement de chambre à coucher,
style fantaisiste bysantin, en bois orné d'incrusta-
tions, dite certorine, et revêtu de cuivre à ornements en relief.

Il est composé de :

Un lit de milieu, avec haut chevet et flèche de bal-
daquin ;
Armoire à glace, ornée de colonnettes ;
Deux armoires à portes pleines ;
Deux étagères appliques, à côté du lit ;
Une table ;
Deux fauteuils, une petite banquette et une glace de
cheminée, avec encadrement de même style.

(Cet ameublement pourra être divisé)

208 Chaise longue et un fauteuil, en peluche rouge et
broderie orientale.
209 Tenture de lit, d'une fenêtre et de deux portes, en
cretonne rouge.
210 Tapis en moquette rouge, de 5 mètres sur 4 mètres.
211 Carpette persane de 2 mètres sur 1 mètre.
212 Deux peintures : Marine, et portrait d'un chien.
213 Six eaux-fortes, d'après Rembrandt, encadrées.

Cabinet de toilette

214 Toilette, cheminée à gaz, glace, étagère, ustensiles de
toilette.

Lingerie

215 Armoire garde-robe en noyer à porte à glace.
216 Deux buffets à étagères en chêne.
217 OEil de bœuf horloge en bois sculpté.

Salle de bains

218 Baignoire en zinc et chauffe-bain.
219 Table, deux chaises, poêle à gaz.

Chambre de la gouvernante

220   Lit et literie, commode, glaces, tables, étagère, tapis, etc.

Sous-sol

221   Armoire à linge, buffet en chêne, glacière.

Cuisine

222   Meubles et ustensiles de cuisine.

Livres

223   Environ 600 volumes de divers formats, bien reliés, parmi lesquels : *Le livre d'heures de la reine Anne de Bretagne*, édition Curmer. — L'œuvre complet de Rembraudt, par Eug. Dutuit, 3 vol. et 307 planches sur japon, montées sur bristol. — 21 albums, costumes historiques et Paris à travers les âges. — Venise, par Ch. Yriarte. — Grand nombre d'ouvrages de littérature, romans, théâtre : Emile Augier, Edmond About, Aicard, Barbey d'Aurevilly, Paul Bourget, A. Belot, Costa de Beauregard, Maxime Ducamp, Cherbuliez, J. Claretie, A. Dumas, A. Dumas fils, Drumont, A. Daudet, De Goncourt, Guizot, Gyp, L. Halévy, Victor-Hugo, Alphonse Karr, Lamartine, La Fontaine, Legouvé, Prince de Ligne, Paul Lacroix, A. de Musset, Molière, Mistral, G. de Maupassant, Catulle Mendès, Mérimée, Henri Monnier, O. Mirbeau, Nadaud, Mme de Remusat, J. Richepin, Rabelais, Elisée Reclus, A. Silvestre, J. Simon, G. Sand, Sainte-Beuve, Theuriet, Jules Verne. — Littérature étrangère, ouvrages sur les arts, ouvrages classiques, dictionnaires, etc., etc.

Vaisselle et Verrerie

Nice. — Imprimerie et Lithographie VENTRE, rue de la Préfecture, 6